ERSTKOMMUNION

Festtag der Freude

Erinnerungsalbum
für Erstkommunion und Firmung

PATTLOCH

Ein Mensch ohne Gemeinschaft

ist wie eine Blume

ohne Licht und Wasser:

Sie verliert ihre Frische,

verblüht,

verwelkt,

verdorrt.

Für _____

Zur Erinnerung an Deine Erstkommunion

von

_____

Zur Erinnerung an die Erstkommunion

Am _____

wurde ich _____

in der Kirche _____

in _____

durch Pfarrer _____

zum Tisch des Herrn geführt

und habe zum ersten Mal

inmitten der Gemeinde

die Heilige Kommunion empfangen.

Ihr seid das Licht der Welt!

Matthäus 5,14

Foto des Kommunionkindes mit Kerze

So soll Euer Licht vor den Menschen leuchten.

Matthäus 5,16

Zur Erinnerung an die Taufe

Am _____

wurde ich in _____ geboren.

Meine Eltern _____ und _____

ließen mich am _____ in der Kirche _____

in _____

durch Pfarrer _____

auf den Namen _____ taufen.

Meinen Namenstag feiere ich am _____

Meine Taufpaten sind _____

Du bist getauft
auf den Namen
des Vaters
und des Sohnes
und des Heiligen Geistes.

*Hier kannst Du ein Bild
von Deiner Taufe einkleben.*

.... wo ich dich getragen habe

Eines Nachts hatte ein Mann einen Traum.
Er träumte, er würde mit Christus am Strand
entlang spazieren. Am Himmel über ihnen
erschienen Szenen aus seinem Leben. In jeder
Szene bemerkte er zwei Fußabdrücke im Sand,
eines gehörte ihm, das andere dem Herrn.

Als die letzte Szene vor ihm erschien, schaute
er zurück zu den Fußabdrücken und bemerkte,
daß sehr oft auf dem Weg nur ein Paar Fußabdrücke
im Sand zu sehen war. Er stellte ebenfalls fest,
daß dies gerade während der Zeiten war, in denen
es ihm am schlechtesten ging.

Dies wunderte ihn natürlich, und er fragte
den Herrn: „Herr, du sagtest mir einst, daß ich
mich entscheiden sollte, dir nachzufolgen;
du würdest jeden Weg mit mir gehen. Aber ich
stelle fest, daß während der beschwerlichsten
Zeiten meines Lebens nur ein Paar Fußabdrücke
zu sehen ist. Ich verstehe nicht, warum! Wenn ich
dich am meisten brauchte, hast du mich allein
gelassen."

Der Herr antwortete: „Mein lieber, lieber Freund,
ich mag dich so sehr, daß ich dich niemals
verlassen würde. Während der Zeiten, wo es dir
am schlechtesten ging, wo du auf Proben gestellt
wurdest und gelitten hast – dort, wo du nur ein
Paar Fußabdrücke siehst –, es waren die Zeiten,
wo ich dich getragen habe."

Meine Kommuniongruppe

In den einzelnen Blütenblättern können die Kinder
aus Deiner Kommuniongruppe unterschreiben.

Es ist gut, daß es Dich gibt!
Sei willkommen in unserem Kreis.
Auch die Sonne ist Dein.
Wir atmen die gleiche Luft.

nach Franz von Assisi

Gemeinschaft

*Mit den Kindern aus Deiner Kommunion-
gruppe hast Du sicher sehr viel gemeinsam
gesungen, gespielt, gemalt, erlebt. Ihr habt
Euch Eure Träume und Wünsche erzählt
und über Gott und Eueren Glauben geredet.
Welche Ereignisse, Geschichten, Erlebnisse
haben Dich besonders beeindruckt?*

erleben

*Hier kannst Du aufschreiben,
was Dir in der Vorbereitungs-
zeit am besten gefallen hat,
Du kannst Fotos oder ein
selbstgemaltes Bild einkleben.*

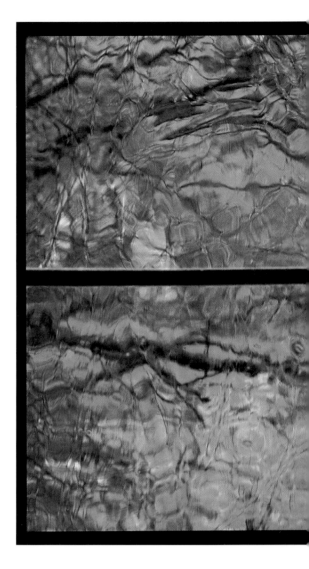

Wie ein Fenster zum Himmel,
wie ein Fenster zu Dir
soll dieser Tag sein,
guter Gott,
Du schenkst ihn mir.

Wie ein Fenster zum Himmel,
wie ein Fenster zu Dir
kann jedes Wort sein,
kann jedes Wort sein.

Wie ein Fenster zum Himmel,
wie ein Fenster zu Dir,
guter Gott,
Du sprichst zu mir.

Wie ein Fenster zum Himmel,
wie ein Fenster zu Dir
kann jeder Mensch sein,
guter Gott,
Du zeigst Dich mir.

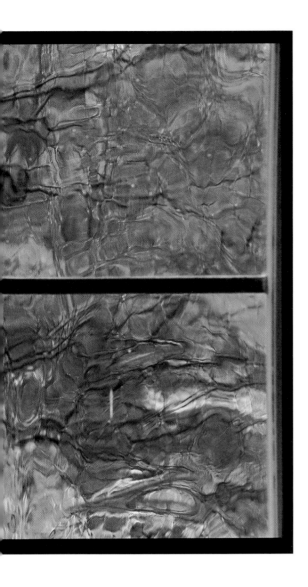

Wie ein Fenster zum Himmel,
wie ein Fenster zu Dir
kann jeder Schritt sein,
guter Gott,
Du gehst mit mir.

Wie ein Fenster zum Himmel,
wie ein Fenster zu Dir
ist Deine Schöpfung,
guter Gott,
ich danke Dir.

Wie ein Fenster im Himmel,
wie ein Fenster zu Dir
will ich heut leben,
guter Gott,
Du lebst mit mir.

Wie ein Fenster zum Himmel,
wie ein Fenster zu Dir
möcht ich mich öffnen,
möcht ich mich öffnen.

Wie ein Fenster zum Himmel,
wie ein Fenster zu Dir,
guter Gott,
Du kommst zu mir.

Reinhard Bäcker

Die Feier
meiner
Erstkommunion

Hier kannst Du das
Gottesdienstblatt,
die Einladung oder
ein Bild von Dir
am Erstkommuniontag
einkleben.

Der Einzug in die Kirche

Hier kannst Du ein Bild vom Einzug der Kommunionkinder in die Kirche einkleben.

Wortgottesdienst

Lesung aus dem Brief
des Apostel Paulus
an die Korinther:

Schwestern und Brüder,
ich habe vom Herrn empfangen,
was ich euch überliefert habe:
Jesus, der Herr,
nahm in der Nacht,
in der er ausgeliefert wurde,
Brot, sagte Dank, brach es
und sprach:
Das ist mein Leib,
der für euch hingegeben wird.
Tut dies zu meinem Gedächtnis!

Ebenso nahm er
nach dem Mahl den Kelch
und sprach:
Dieser Kelch
ist der neue Bund
in meinem Blut.
Tut dies, sooft ihr daraus trinkt,
zu meinem Gedächtnis!

Denn so oft Ihr von diesem Brot eßt und aus diesem Kelch trinkt, verkündet ihr den Tod
des Herrn, bis er kommt. Wer als unwürdig von dem Brot ißt und aus den Kelch des Herrn
trinkt, macht sich an Leib und Blut des Herrn schuldig. Jeder soll sich selbst prüfen, und
dann soll er von dem Brot essen und aus dem Kelch trinken. Denn wer ißt und trinkt, ohne
zu bedenken, daß es der Leib des Herrn ist, der richtet sich selbst, indem er ißt und trinkt.

1 Korinther 11, 23-29

Alle singen wir nun ein Loblied dir

T: Hermann Bergmann
M: Hartmut Wortmann

Al - le sin - gen wir nun ein Lob - lied dir, al - le
stim - men mit uns ein, weil wir fröh - lich sind, dei - ne
Kin - der sind, du willst un - ser Va - ter sein.

Wie ein Vöglein,
das noch jung und klein,
sich geborgen fühlt im Nest,
so hält mich der Herr,
der mich liebt so sehr,
treu in seinen Händen fest.

Wenn die Sonne scheint,
wenn der Regen weint,
ist Gott Vater immer da.
Wenn die Wolken ziehn,
alle Blumen blühn,
ist der Herr mir immer nah.

Halleluja, Halleluja, Halleluja

Hal - le - lu - ja, Hal - le - lu - ja, Hal - le - lu - ja.

Evangelium

Die frohe Botschaft unseres Herrn Jesus Christus,
aufgeschrieben von Johannes:

In jenen Tagen hielt sich Jesus mit seinen Freunden in den
Bergen Galiläas auf. Eine große Menschenmenge war ihm
gefolgt, denn sie hatten die Zeichen gesehen, die er an den
Kranken wirkte. Es war im Frühling, kurz vor dem Paschafest.
Jesus fragte Philippus: „Wo sollen wir Brot kaufen, damit alle
genug zu essen bekommen?" Das sagte er aber nur, um diesen
auf die Probe zu stellen, denn er wußte wohl, was er tun wollte.
Philippus antwortete: „Für zweihundert Dinare Brot ist nicht
genug, auch wenn jeder nur wenig bekommt." Ein anderer von
Jesus Freunden, Andreas, der Bruder des Petrus, fügte hinzu:
„Es ist ein kleiner Junge hier, der hat fünf Gerstenbrote und
zwei Fische bei sich – aber was ist das für so viele?" Jesus sagt
zu ihnen: „Sorgt dafür, daß die Leute lagern und etwas ruhen."

Wenn man nur die Männer zählt, so waren es fünftausend,
die Jesus gefolgt waren. Jesus nahm nun die Brote des kleinen
Jungen, sprach das Dankgebet und ließ sie an die Leute
verteilen. Mit den Fischen tat er dasselbe, und er ließ ihnen
geben, so viel sie wollten. Als alle satt waren, sagte er zu seinen
Freunden: „Sammelt die übrig gebliebenen Stücke, damit
nichts verdirbt."

Von den Stücken Gerstenbrote, die beim Essen übrig geblieben
waren, füllte man zwölf Körbe. Wenig später aber erklärte Jesus
seinen Freunden dieses Zeichen und sagte:
„Ich bin das Brot des Lebens. Wer zu mir kommt, wird nicht
mehr hungern, und wer an mich glaubt, wird nicht mehr Durst
leiden."

nach Johannes 6

Bitte

Herr, wir bitten dich darum,
daß es keine abgebrannten Häuser
mehr gibt auf dieser Welt,
keine Menschen mehr in Häusern,
die wie Bäume ohne Blätter sind.

Herr, wir bitten dich darum,
daß die Menschen auf den Straßen
keine Gewehre mehr tragen,
daß es keine Not und Verzweiflung mehr gibt,
sondern nur noch Freude und Liebe.

aus dem Libanon

Eucharistiefeier

T: Hermann Bergmann
M: Hartmut Wortmann

Chri - stus lädt uns al - le ein, wir sind sei - ne Gä - ste.

Und wir brin - gen Brot und Wein, mit zu sei - nem Fe - ste.

Seg - ne, was wir ge - ben, seg - ne un - ser Le - ben!

Seg - ne, was wir ge - ben. Dir soll al - les sein.

Gabenbereitung

Wir bereiten nun den Tisch,
bringen, was wir haben.
Jeder nun bereitet sich
wie die Opfergaben.
Segne, was wir geben,
segne unser Leben!
Segne, was wir geben.
Dir soll alles sein.

Wie das Wasser und der Wein
sich im Kelch verbinden,
laß auch uns verbunden sein,
uns in Liebe finden.
Segne, was wir geben,
segne unser Leben!
Segne, was wir geben.
Dir soll alles sein.

Denn am Abend,
an dem er ausgeliefert wurde
und sich aus freiem Willen
dem Leiden unterwarf,
nahm er das Brot
und sagte Dank,
brach es,
reichte es seinen Jüngern
und sprach:

„NEHMET UND ESSET ALLE DAVON:
DAS IST MEIN LEIB,
DER FÜR EUCH HINGEGEBEN WIRD."

Ebenso nahm er
nach dem Mahl
den Kelch,
dankte wiederum,
reichte ihn seinen Jüngern
und sprach:

„NEHMET UND TRINKET ALLE DARAUS:

DAS IST DER KELCH

DES NEUEN EWIGEN BUNDES,

MEIN BLUT,

DAS FÜR EUCH UND

FÜR ALLE VERGOSSEN WIRD

ZUR VERGEBUNG DER SÜNDEN.

TUT DIES ZU MEINEM GEDÄCHTNIS.“

Vater unser

O Gott, wir sind oft hilflos
und wissen nicht mehr weiter.
Gib du uns die Kraft,
auch manchmal über steinige Wege
oder durch dunkle Tunnels zu gehen.
Hilf uns, auf Dich zu vertrauen,
immer und überall,
und auch anderen Menschen,
die mutlos sind,
auf ihrem harten Weg zu begleiten.
Denn wir wissen, daß wir alle
in Deiner großen Hand,
mit der Du uns alle Wege entlang führst,
geborgen sind.
Amen.

Silvia, 13 Jahre

Kommunionempfang

T: Hermann Bergmann
M: Hartmut Wortmann

Herr und Gott, du bist Brot, Brot zum ew'-gen Le - ben.

Herr und Gott, die - ses Brot stärkt mich in der Not.

Nun kommst du zu mir, groß ist dei - ne Lie - be.

Nun komm ich zu dir, Freund - schaft schlies - sen wir.

Du mein Freund, dir vereint,
möchte ich dich lieben.
Ich bin dein, du bist mein,
laß mich bei dir sein.
Nun kommst du zu mir.
Groß ist deine Liebe.
Nun komm ich zu dir.
Freundschaft schließen wir.

Schritt für Schritt, gehst du mit
auf dem Lebenswege.
Und dein Brot gibt mir Kraft
auch in größter Not.
Nun kommst du zu mir.
Groß ist deine Liebe.
Nun komm ich zu dir.
Freundschaft schließen wir.

Nach der Zeit öffnet weit
Gott das Tor zum Leben.
Führe mich in dein Reich.
Ewig lieb ich dich.
Nun kommst du zu mir.
Groß ist deine Liebe.
Nun komm ich zu dir.
Freundschaft schließen wir.

Segen

Der Herr segne und behüte dich.
Er lasse sein Angesicht
über dich leuchten
und sei uns gnädig.
Der Herr wende sein Angesicht dir zu
und schenke dir Heil.

Numeri 6, 22-27

Fotos vom Gottesdienst

Fotos nach dem Gottesdienst

Die Feier

Meine Kommunion haben wir mit meinen Gästen

in _____ gefeiert.

Vor dem Festessen habe ich ein Tischgebet gesprochen.

Klebe hier Dein Tischgebet oder ein Foto von der Festtafel ein.

Gelobt sei der himmlische Vater,

der uns das Brot der Erde geschenkt;

gelobt sein heiliger Sohn,

der uns das Wort des Lebens gebracht;

gelobt der Heilige Geist,

der uns zum Mahl der Liebe vereint.

Meine Gäste

Wir wünschen Dir,
daß Dich die Freude
des heutigen Tages
auf allen Deinen Wegen
begleiten möge.

Unterschriften Deiner Gäste

Deine Gäste erinnern sich ...

Bist Du nicht auch neugierig, wie zum Beispiel Deine Eltern,
Deine Großeltern, Taufpaten und andere ihre Erstkommunion
erlebt und empfunden haben?
Bitte sie doch, auf diesen Seiten ihre Erinnerungen einzutragen.

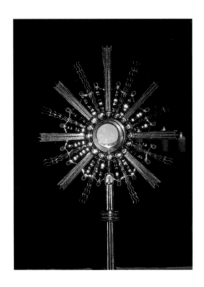

Danke

Jesus,
ich danke dir,
weil du deinen Freunden gesagt hast:
„Nehmet und eßt, das ist mein Leib.“

Jesus,
ich danke dir
für die große Freude,
daß du heute in der Gestalt
von Brot auch zu mir gekommen bist.

Jesus,
ich danke dir
für diesen wunderbaren
Tag meiner Erstkommunion.

Jesus,
ich danke dir
für das festliche Zusammensein
mit meinen Eltern, Freunden und Gästen.

Jesus,
ich danke dir
für die vielen Menschen,
die den Gottesdienst mitfeierten.

Jesus,
ich danke dir
für jeden Sonntag,
an dem du mich immer wieder neu
zu deinem Altar einlädst.

Lobet den Herrn vom Himmel her,
lobt ihn in den Höhen.
Lobt ihn, alle seine Engel.
Lobt ihn, Sonne und Mond,
lobt ihn, all ihr leuchtenden Sterne,
lobt ihn, alle Himmel.

Lobet den Herrn, ihr auf der Erde,
ihr Berge und all ihr Hügel,
ihr wilden Tiere und alles Vieh,
ihr Könige der Erde und alle Völker,
ihr jungen Männer und auch ihr Mädchen,
ihr Alten mit den Jungen!

Loben sollen sie den Namen des Herrn!
Halleluja!

aus Psalm 148

Erinnerung an die Firmung

Am _____

wurde ich _____

in der Kirche _____

in _____

durch _____ gefirmt.

Er rief den Heiligen Geist auf mich herab,
legte mir die Hand auf, zeichnete mir
das Kreuz auf die Stirn und sprach:
„Sei besiegelt durch die Gabe Gottes;
den Heiligen Geist."

Mein/e Firmpate/Firmpatin heißt

*Foto von Dir als Firmling oder zusammen
mit Deinen Eltern und den Firmpaten*

Das Kommen des Heiligen Geistes

Lesung
aus der
Apostelgeschichte

Als der Pfingsttag gekommen war, befanden sich alle am gleichen Ort. Da kam plötzlich vom Himmel her ein Brausen, wie wenn ein heftiger Sturm daherfährt. Er erfüllte das ganze Haus, in dem sie waren. Und es erschienen ihnen Zungen wie von Feuer, die sich verteilten, und der Heilige Geist ließ sich auf jeden von ihnen nieder. Alle wurden mit dem Heiligen Geist erfüllt und begannen in anderen Sprachen zu reden, wie der Geist es ihnen eingab. In Jerusalem aber wohnten Juden, fromme Männer aus jedem Volk unter dem Himmel. Als sich dieses Brausen erhob, strömte die Menge zusammen. Alle waren verwundert; denn jeder hörte sie in seiner Sprache reden. Sie gerieten außer sich vor Staunen und sagten: „Sind das nicht alles Galiläer, die da reden? Wieso kann sie jeder von uns in seiner Muttersprache hören? Wir hören sie doch alle in unseren Sprachen Gottes große Taten verkünden." Alle gerieten außer sich und waren ratlos. Die einen sagten zueinander: „Was hat das zu bedeuten?" Andere spotteten: „Sie sind vom süßen Wein betrunken."

Da trat Petrus auf, zusammen mit den Elf. Er erhob seine Stimme und begann zu reden: „Ihr Juden und alle Bewohner Jerusalems! Dies sollt ihr wissen, hört auf meine Worte! Diese Männer sind nicht betrunken; es ist ja erst die dritte Stunde am Morgen. Jetzt ist geschehen, was Gott durch den Propheten Joel gesagt hat:

Ich werde von meinem Geist ausgießen über alle Menschen.
Eure Söhne und Töchter werden Propheten sein,
ebenso eure jungen Männer und eure Alten.
Auch über meine Knechte und Mägde werde ich von meinem Geist
ausgießen in jenen Tagen."

nach Apostelgeschichte 2, 1-18

Herr, sende uns deinen Geist,
damit wir
als deine Gemeinschaft leben.
Herr, sende uns deinen Geist,
damit wir der Welt
Hoffnung geben.
Herr, sende uns deinen Geist,
damit wir deine Frohe Botschaft
weitersagen.
Herr, sende uns deinen Geist,
damit wir deine Liebe
in unserer Welt widerspiegeln.
Herr, sende uns deinen Geist,
damit wir deine Versöhnung
weitergeben.
Herr, sende uns deinen Geist,
damit wir das Ziel unseres Lebens
erreichen.
Herr, sende uns deinen Geist
und binde uns an dich.

Hermann-Josef Frisch

Herr, zeige mir,
wie ich in der Kirche leben kann.
Zeige mir, daß ich Christ
nur in Gemeinschaft mit anderen sein kann.
Zeige mir,
wie ich mich für die Gemeinschaft einsetzen kann.
Zeige mir meine Verantwortung für meinen eigenen Glauben
und für den Glauben anderer Menschen.
Hilf mir,
meine Fähigkeiten in der Gemeinde einzusetzen.
Und laß mich die Kraft der Gemeinschaft spüren,
wenn wir miteinander feiern,
wenn wir miteinander beten,
wenn wir einander dienen.
Laß mich ganz Mensch werden in deiner Kirche.

Hermann-Josef Frisch

Liebes Erstkommunionkind,

Dein Erstkommuniontag ist ein großes Fest. Festlich sind die Kleider, festlich klingen die Lieder und festlich ist das Zusammensein mit Deinen Freunden, Verwandten und Eltern. Alle Kinder der Gemeinde, die Erwachsenen, der Pfarrer und seine Mitarbeiter freuen sich mit Dir, daß Du zum ersten Mal zum Tisch des Herrn treten darfst.

Jesus selbst hat Dich zu dieser ersten heiligen Kommunion eingeladen. Er schenkt sich in einem kleinen Stück Brot, in dem er sich verborgen hält. Wer diesen Leib Christi empfängt, ist aufs innigste mit Jesus verbunden. In einem schönen Lied drücken wir dieses große Geheimnis unseres Glaubens so aus: „Nun kommst du zu mir. Groß ist deine Liebe. Nun komm ich zu dir. Freundschaft schließen wir."

Diesen herrlichen Tag seines Lebens wird niemand vergessen wollen. Verschiedene Gegenstände – Kommunionkerze, Gebetbuch, Rosenkranz – halten diesen Tag im Gedächtnis wach. Mit diesem Album kannst Du darüberhinaus viele Erinnerungen an diesen „Festtag der Freude" als lebendige Erfahrung bewahren: Persönliche Eindrücke aufschreiben, Unterschriften vom Pfarrer, der Kommuniongruppe und den Gästen sammeln, Texte vom Gottesdienst einkleben, Fotos zusammentragen ... Die im Buch schon enthaltenen Bibeltexte, Geschichten, Gebete, Lieder und Kunstbilder werden vielen bereits vertraut sein.

Liebes Erstkommunionkind, ich wünsche Dir, daß Du über Deinen Erstkommuniontag hinaus in Deinem Leben immer wieder neu die Freundschaft Jesu und seine Nähe spüren darfst, ganz wie er es uns zugesagt hat: „Ich bin bei euch alle Tage bis zum Ende der Welt" (Matthäus 28,20).

Dein Pfarrer

Thomas Maria Rimmel

Die Deutsche Bibliothek – CIP-Einheitsaufnahme

Erstkommunion : Festtag der Freude ; Erinnerungsalbum an Erstkommunion und Firmung. – Augsburg : Pattloch, 1996
ISBN 3-629-00446-6
ISBN 3-629-00448-2

Gedruckt auf umweltfreundlich chlorfrei gebleichtem Papier.

Pattloch Verlag, Augsburg
© Weltbild Verlag GmbH, 1996

Titelgestaltung: Peter Engel, Grünwald (Abendmahl)
© artlizenz, Igling (Kerze)
Satz: Brigitte Tschöcke, gesetzt aus Garamond condensed
Graphische Gestaltung: Brigitte Tschöcke, Augsburg
Gesamtherstellung: Druckerei Uhl, Radolfzell
Printed in Germany

ISBN 3-629-00446-6 (Abendmahl)
ISBN 3-629-00448-2 (Kerze)

Bildnachweis

Titelfoto: Artothek, Peissenberg (Abendmahl),
© artlizenz, Igling (Kerze).
S. 1, 4/5, 37,43: artlizenz, Igling.
S. 2/3, 6, 10, 12, 13, 14/15, 16/17, 31, 32, 33, 34, 35, 41, 46: Ludwig Reisner, Gundelfingen.
S. 18, 23, 24, 25, 30, 40, 47: Klaus Hochhuber, Friedberg.
S. 8: Ernst Kirschner, Nellingen.
S. 20: Bayerische Staatsbibliothek München (Signatur: EL 8980 aus Clm 935 fol 24v).
S. 22, 29 aus: Vater unser, © Ludwig Auer GmbH, Donauwörth.
S. 26/27: Artothek, Peissenberg.
S. 38/39: Christine Paxmann, München.
S. 45: Badische Landesbibliothek Karlsruhe, Hs. St. Peter perg. 7 (fol 7v).

Quellennachweis

S. 14/15: Wie ein Fenster zum Himmel, Reinhard Bäcker, aus: Buch, CD und MC „Da hat der Himmel die Erde berührt", Rechte: Menschenkinder Verlag, 48157 Münster.
S. 19, 23, 30: Alle singen wir nun ein Loblied dir, Christus lädt uns alle ein, Herr und Gott, T: Hermann Bergmann, M: Hartmut Wortmann, aus: Es läuten alle Glocken, © Lahn-Verlag, Limburg.
S. 28: Vater unser, aus: Vater unser, © Ludwig Auer GmbH, Donauwörth.
S. 46/47: Herr, sende uns deinen Geist; Herr, zeige mir; beide Texte aus: Hermann-Josef Frisch, Traumwege. Buch zur Firmung, Patmos Verlag, Düsseldorf 1993.